Teléfono, 554
LIMA-PERÚ
Apartado 1305
BAQUIJANO
Núm. 791
TIPOGRAFÍA
EL LUCERO

1.773

MARCEL CAHEN

Psychologie pratique

L'Homme comme ami du chien et ami du chat

Extrait de *La Presse Médicale* (N° 86, du 26 Octobre 1927).

PARIS

MASSON ET Cie, ÉDITEURS

LIBRAIRES DE L'ACADÉMIE DE MÉDECINE

120, BOULEVARD SAINT-GERMAIN, 120

1927

MARCEL CAHEN

Psychologie pratique

L'Homme comme ami du chien et ami du chat

Extrait de *La Presse Médicale* (N° 86, du 26 Octobre 1927).

PARIS

MASSON ET Cie, ÉDITEURS

LIBRAIRES DE L'ACADÉMIE DE MÉDECINE

120, BOULEVARD SAINT-GERMAIN, 120

1927

Psychologie pratique

L'HOMME COMME AMI DU CHIEN ET AMI DU CHAT

« Dis-moi qui tu hantes et je te dirai qui tu es. » Irons-nous trop loin d'appliquer ce proverbe à l'homme aussi dans ses relations avec les animaux ?

Ne faisons-nous pas de réflexions psychologiques sur le goût d'une personne d'après l'installation de son home, sur le genre et le degré de sa culture d'après sa bibliothèque ?

Nous pouvons donc également nous risquer à conclure du caractère de quelqu'un, ou, pour mieux dire, de sa personnalité affective (puisqu'il est question « d'amitié »), en envisageant son penchant pour le chien ou le chat.

Or dans un numéro d'*Excelsior*, du mois de Mars dernier, M. R. Le Gentil critiquait une opinion de P. Valdagne, lequel soutient que l'amateur de chats est un être « inquiet, passif et privé de toute bonne humeur », tandis que l'ami du chien, « qui aime l'air et la promenade », possède cette bonne humeur.

Si M. Valdagne conclut par exemple du simple fait que le chien aime l'air et la promenade à la bonne humeur de son maître, il est clair que sa thèse est facile à contester, comme l'a d'ailleurs fait M. Le Gentil par ses exemples d'hommes connus.

De même pour la conclusion touchant les personnes passives, amateurs des chats, on est en droit d'en douter d'emblée. Il est vrai que certaines catégories de personnes « passives » sont des amis typiques du chat, comme certains vieillards, certaines vieilles filles, mais de là à la généralisation il y a sûrement loin. Encore est-il vrai que pour aimer, ou, disons mieux, pour s'adonner à un chat, il faut avoir plus de loisir qu'il ne sera nécessaire pour un chien. Ceci, dans un certain sens, expliquerait qu'une personne (physiquement) active est plutôt portée vers le chien. Un médecin, par exemple, qui est très occupé, peut se faire suivre de son chien en allant visiter ses clients, tandis que pour jouir d'un chat il lui faudra avoir du temps à la maison.

Mais, comme nous voyons, ces arguments de nature pratique ne nous permettent guère de rattacher de telles « amitiés » à des impulsions psychiques.

Si nous voulons comprendre la nature humaine dans son penchant pour le chien ou le chat, et si par là nous voulons tirer des conclusions psychologiques sur les personnes, selon leur amitié pour l'un ou l'autre des deux animaux, il est indispensable d'approfondir les *facteurs affectifs* qui sont à la base de cette amitié.

A cet effet, nous devons partir de la psychologie de l'animal, qui nous montre une différence marquée, je dirais presque un antagonisme, entre les deux animaux.

Tandis que le chien montre pour l'homme une obéissance, un dévouement et un attachement quasi infaillibles, le chat, au contraire, n'a de ces qualités que les apparences. Quel possesseur de

chat se pourrait flatter de faire venir l'animal sur
un simple appel, sans qu'il soit besoin de l'attirer
par la vue d'un appât quelconque? Quel chat
sauterait sur nos genoux, s'il ne savait pas que
nous allons le caresser? Son dévouement pour
l'homme est — contrairement à ce qu'on aime
croire quelquefois — relativement faible. Car il
ne faut pas avoir la vanité de prendre pour attachement ce qui n'est qu'une avidité de chat pour
nos soins et nos caresses[1]. Plus fort encore, c'est
au logis plutôt qu'à son maître que le chat
s'attache. Combien en ont dû faire l'expérience en
voyant, lors d'un déménagement, leur chat se
sauver du nouvel appartement, d'où il allait
miauler devant les portes de l'ancienne habitation.
Essayez seulement de prendre une fois votre chat
avec vous dans votre auto, ou simplement dans
une chambre de votre maison, où il n'a pas encore
pénétré! Il y perdra tout son calme et voudra se
sauver; malgré votre présence — à vous, son
maître — il n'a aucune confiance.

Mais alors qu'est-ce qui attache l'homme
à cet animal si peu fidèle, qui, tout égoïsme,
demande par-dessus le marché d'être bien soigné
et caressé?

La réponse est simple; elle se trouve dans ce
dernier fait. Si le chien, en étant obéissant, dévoué
et attaché nous *montre* de l'affection, le chat au

---

1. Il ne semble pas non plus devoir interpréter autre-
ment le cas que nous cite M. Le Gentil, en nous rappe-
lant Henri Rochefort « dont le chat, Kroumir, se laissa
mourir de chagrin après la mort du fameux polémiste ».
C'est l'histoire du prince détrôné et devenu pauvre, qui
meurt de chagrin, non pour avoir perdu son trône, mais
parce qu'il ne peut vivre sans mener une vie de prince.

contraire *exige* la nôtre[1]. Or, ceci nous explique tout, et de là, par simple inversion, nous arrivons à notre première conclusion psychologique pour l'homme : *ceux qui aiment les chiens ont le besoin de recevoir de l'affection; ceux qui aiment les chats ont le besoin d'en dépenser.*

Après ces conclusions fondamentales, il y a lieu de préciser les détails des éléments utiles pour l'application pratique.

En avançant que l'amitié pour le chien doit se baser sur un besoin à tendance égoïste (réception d'affection), et celle pour le chat sur un besoin à tendance altruiste (dépense d'affection), et étant donné que, dans la psychologie comparative des deux sexes humains, le caractère masculin est considéré de nature égoïste et le caractère féminin de nature altruiste, il est légitime de déclarer le chien l'animal-type pour l'amitié avec l'homme et le chat l'animal-type pour l'amitié avec la femme.

L'observation journalière nous montre qu'en réalité la plupart des hommes sont portés vers le chien et la plupart des femmes vers le chat. Ceci naturellement veut seulement dire que chez la plupart des personnes, les traits caractéristiques de leur sexe dominent, car il faut noter que le concept « homme » ou « femme » doit être entendu ici comme égal respectivement à « caractère masculin » et « caractère féminin ».

---

1. Cette psychologie se trouve, d'ailleurs, délicieusement dépeinte dans les *Sept dialogues de bêtes* de Mme Colette.

En somme, ce qu'il importe de retenir, c'est cette conception, qui base l'amitié pour le chien sur la réception d'affection et l'amitié pour le chat sur la dépense d'affection. Il s'agit donc en pratique avant tout d'une révélation de *traits* de caractère, que psychologiquement nous séparons en *traits de caractère masculins et traits de caractère féminins*.

Ces traits, nous devons les étudier maintenant dans leur rapport avec l'amitié pour l'animal.

a) *Les traits de caractère masculins dominent dans l'amitié pour le chien.* — L'homme est de nature le « maître ». Cette disposition exige pour être satisfaite justement les qualités que possède le chien : obéissance, dévouement, attachement. Peut-il exister un être plus idéal dans ce but? Un être qui ne renie presque jamais ses qualités, pas même sous les mauvais traitements, et qui surtout ne « contredit » pas la volonté de son maître! Quelle vanité, quelle fierté masculines ne peut-il pas satisfaire!

Voyons déjà l'enfant. Pourrait-on jamais faire plaisir plus grand à un gosse que de lui donner maîtrise sur un chien. Le petit bonhomme, qui dans ce monde n'a encore rien à dire et qui pourtant porte déjà en lui le besoin de dominer, ne se voit-il pas réaliser tout d'un coup un royaume de désirs? Aussi est-il facile à constater qu'*en général* les jeunes filles éprouvent beaucoup moins que les garçons le besoin de jouer avec un chien.

Mais en revenant à l'adulte il ne suffit plus de parler seulement « du » chien, car nous verrons qu'il ne sera pas sans importance d'en envisager les différentes races,

Il y aurait là assez de matière à une autre étude très intéressante, et sans doute on pourrait établir parallèlement avec les différents chiens toute la gamme des différents degrés et formes du caractère masculin.

Ici nous devons nous borner à une vague esquisse en indiquant juste trois groupes-types : deux extrêmes et un moyen.

Dans le premier des extrêmes, nous placerons ces hommes qui recherchent avec prédilection les bêtes « méchantes ». Or, ces gens se caractérisent ordinairement par cela que chez eux le besoin de réception d'affection existe dans sa forme la plus rudimentaire. Leur nature brute exige pour être satisfaite une *affection d'esclave*. Ces « despotes » ne peuvent donc trouver être qui sache mieux s'accommoder à leurs humeurs, surtout mauvaises, que le chien. Mais il leur faut des chiens qui stimulent leurs passions, des chiens qu'il faut dresser, et aussi des chiens robustes qui ne crèvent pas au premier coup de cravache, bref, des chiens qui de par leur nature et leur comportement peuvent « excuser » le comportement de leur maître.

Notre second groupe — l'autre extrême — nous amène aux chiens de luxe. Sans doute il sera nécessaire que nous nous montrions un peu plus large qu'il n'est d'usage dans la distribution de ce qualificatif; car nous songeons ici aux animaux qui, petits ou grands, d'utilité ou d'agrément, se distinguent par une fourrure douce et esthétique, généralement à poils longs et que de ce fait nous désignerions peut-être mieux par le terme de chiens « à caresser ». Ils forment pour ainsi dire la transition entre le chien (type) et le chat, dans ce sens, qu'ils réunissent en eux plus ou moins les qualités des deux, en ayant à côté de leur qualité de chien l'avantage de se prêter à la réception d'affection, tout comme un chat. Ils nous permettent de conclure que leurs maîtres réunissent aussi en eux les deux notes qui y correspondent, dont la prédominance de l'une ou de l'autre varie naturellement avec le genre de chien. Ainsi nous trouverons la prédominance du côté « dépense d'affection » presque sous une forme exclusive, quand il s'agit des petits chiens de luxe qui ne sont là que pour être dorlotés, comme les pékinois, les petits loulous, etc. De tels chiens ne forment guère qu'une sorte de succédané du chat. Aussi sont-ils pour cela (à part les raisons de luxe et l'avantage qu'ils ont sur le chat de pouvoir être emmenés en promenade) les chiens des femmes. Les amateurs de ces chiens sont donc en principe à classer parmi les amis du chat. Il n'en est plus de même quand il s'agit de l'amitié d'une personne pour une bête chez laquelle les qualités canines sont plus prononcées que chez ces « toutous joujoux », mais il restera toujours ici à juger, selon le genre de chien préféré, du degré de prédominance de l'un ou de l'autre des deux traits en question.

Quant à notre troisième groupe — le groupe moyen —, il comprendra logiquement tous les autres chiens qui n'entrent pas dans les deux groupes précités (mettant à part quelques cas particuliers). Il s'agira ici des chiens-types chez lesquels ce pourquoi ils sont recherchés de l'homme réside essentiellement dans ces qualités canines qui répondent aux traits du caractère masculin, disons « type » ou « parfait » (pour le distinguer du caractère masculin de l'homme brute).

En somme, ce que nous avons voulu indiquer sommairement, c'est l'importance du genre des chiens pour l'analyse psychologique. Et, au fait, on comprendrait difficilement l'amitié d'un homme-brute pour un pékinois, aussi peu qu'on pourrait s'imaginer une belle femme au caractère tendre et féminin aimant par exemple un sauvage bulldog. Enfin on comprendra aussi que certains hommes d'un caractère masculin dit type donnent leur préférence par exemple à un chien-loup plutôt qu'à un placide Saint-Bernard, au poil long, ou encore à un nerveux et sensible lévrier, lesquels ne seront pour eux pas « assez chien ».

Mettant à part le double rôle des chiens de luxe (dépense et réception d'affection), il nous reste donc toujours à souligner la qualité essentielle du chien qui se caractérise par son affection pour l'homme chez lequel nous admettons par ricochet le besoin pour cette affection.

Nous n'aurons guère de difficulté à reconnaître la manifestation de ce besoin masculin chez les amateurs de chiens que nous observions nous-mêmes ou les autres. Nous pouvons naturellement rencontrer les exemples les plus typiques chez les personnes à qui la vie ne donne pas l'occasion de suffire aux besoins dont nous parlons. Que ce soit maintenant le besoin de dominer ou le besoin d'avoir autour de soi un être dévoué ou les deux choses à la fois, toujours il sera assez facile de comprendre les raisons qui attachent ces personnes tout particulièrement au chien. Ainsi, par exemple, on ne s'étonnera pas que beaucoup de célibataires (et quelquefois aussi des mariés) à qui il manque l'affection d'une femme n'arrivent à la résignation nécessaire que par l'amitié d'un chien.

M Le Gentil nous cite, dans son article, Schopenhauer comme grand ami du chien. Or, il est connu que Schopenhauer, le célibataire, « dans son désir de rencontrer des hommes absolument confiants et compatissants » (Nietzsche), souffrait surtout de sa malchance auprès des femmes. Naturellement nous ne devons pas voir en lui un don Juan. Non, l'âme de ce philosophe recherchait l'âme-sœur, *la* femme, qui le comprendrait, cet être qui par une intelligente affection aurait su lui donner en amour et en admiration ce mystérieux stimulant dont ont tant besoin les hommes qui créent. Mais hélas ! quelle vaine chasse. Aigri, notre homme se retire de la société et, résigné, nous l'entendons dire : « Plus je vois les hommes, plus j'aime mon chien. »

b) *Les traits de caractère féminins dominent dans l'amitié pour le chat.* — La femme est de nature la « mère ». Son amour maternel, sa sensibilité altruiste, sa tendance au dévouement à l'homme, son protecteur, toutes ces dispositions orientent le caractère féminin vers la *dépense d'affection*. Et quand cette affection s'adresse aux animaux, on ne peut s'étonner de voir le chat devenir l'animal de choix, car celui-ci se prête le mieux à ce but, puisqu'il est de sa nature d'aimer les affections.

Pour le chat, nous n'aurons guère besoin de faire une distinction, du point de vue psychologique, en ce qui concerne le genre (qu'il s'agisse d'un angora ou d'un chat ordinaire, il n'y a là en général qu'une question de luxe). Peut-être, en un certain sens, la couleur pourra-t-elle quelquefois retenir notre attention. Ainsi, par exemple, les chats noirs sont généralement moins désirés, surtout par les femmes (superstition?); mais il semble que la couleur sombre de ces chats les fait rechercher des personnes qui aiment le mystique, et on est habitué de voir représenter les sorcières et cartomanciennes avec un chat noir sur l'épaule. Ce qui importe le plus chez un chat, s'il tient à remplir son rôle d'ami de l'homme, c'est son « caractère » qui doit être doux. Un chat méchant et faux, qui griffe si on veut le caresser, ne pourra guère prétendre à une amitié humaine.

A part cela et les conditions esthétiques qu'on pose pour un chat, il n'est pas sans importance que celui-ci sache bien ronronner, car l'homme aime constater que ses caresses ont de l'effet; son amour-propre exige le « compliment » même de l'animal.

Comme pour le chien, la vie journalière nous permet de reconnaître facilement chez les amateurs du chat les impulsions causales de cette amitié, c'est-à-dire les manifestations du besoin de *dépense d'affection*. Là également nous retrouvons les exemples les plus typiques chez des personnes qui trouvent dans l'amitié de l'animal une compensation. Tout au début nous avons déjà fait allusion aux vieilles filles et aux vieillards. Le cas de la vieille fille (et naturellement aussi de toute autre femme, mariée ou non, souffrant d'un amour non compensé) est comme celui du vieux garçon (avec le chien) souvent très typique dans son caractère symbolique de la résignation. Chez les vieillards, il peut y avoir une raison semblable; mais chez des caduques, intellectuellement inactifs et liés au fauteuil, très souvent il ne s'agit que d'un simple besoin physique d'occuper les mains (en caressant le chat). Le caractère de passe-temps dans l'amitié pour le chat domine souvent aussi dans le cas de ces femmes mariées qui, aisées et peu actives (Valdagne), vivent à la campagne ou dans une petite ville. Ayant souvent trop peu de raisons de sortir, elles restent beaucoup à la maison, et en attendant le mari, retour du travail, c'est le chat qui leur tient compagnie.

N'omettons pas d'observer les enfants dans leur amitié pour le chat. Là, surtout la jeune fille, en jouant avec un chat comme avec ses poupées (instinct maternel), nous permet de reconnaître nettement le besoin de dépense d'affection.

Enfin, faisons encore mention d'une catégorie d'amis du chat, qui se distinguent par leur forte affectivité ou une activité cérébrale intense : les poètes, écrivains et travailleurs intellectuels en général. M. Le Gentil, dans son article précité, nous donne toute une liste de noms célèbres. Nous y trouvons Rabelais, Émile Zola (qui en avait une dizaine), J.-J. Rousseau, Chateaubriand, Mérimée, Al. Dumas, Balzac, puis Lamartine, A. de Vigny, Théophile Gautier, Victor Hugo, etc. Surtout ces quatre derniers noms, grandes figures du romantisme, retiennent notre attention. Les tendances de leur école, qui chante la gloire du sentiment au dépens de la raison, ne nous montrent-elles pas suffisamment un trait féminin caractéristique qui nous permet de comprendre le penchant de ces poètes pour le chat?

Au fond, un poète, un écrivain qui, de par sa

vocation, a le besoin de transmettre aux autres ses sentiments et ses impressions, éprouve en général aussi la nécessité de dépenser physiquement ses affections et ceci le plus souvent juste au moment où il travaille.

Combien d'hommes d'ailleurs, pendant un travail intellectuel, aiment avoir leur femme tout près d'eux. Mais la femme la plus « docile » ne l'est jamais tant qu'un être inconscient, et combien sont-elles les femmes qui savent « se taire » !

Or, est-il chose plus compréhensible que le geste de ces poètes et travailleurs intellectuels, amis du chat, qui éprouvent le besoin de caresser un être docile, tandis que leur esprit s'agite en d'autres sphères ?

****

Afin d'éviter tout malentendu ou fausses interprétations, il sera utile d'insister encore sur quelques points particuliers.

Une première observation est à faire en ce qui concerne l'amitié pour le chien. Si nous avons basé cette amitié sur le besoin de la réception d'affection, et si, en parlant des chiens de luxe, nous avons déjà souligné que le besoin de dépense d'affection y est mêlé, nous devons noter qu'en général ce dernier besoin se retrouve dans une certaine mesure chez tout ami du chien. Car l'ami du chien porte ordinairement beaucoup de soin à son fidèle compagnon, ce qui signifie bien une dépense d'affection. Bien entendu que le degré de cette dernière varie selon les cas et les chiens.

En somme, il serait donc faux de conclure simplement : ami du chien : personne de caractère masculin, incapable de dépense d'affection.

Nous croyons pouvoir emprunter à l'histoire un exemple qui nous montre combien le besoin de dépense d'affection peut dominer dans l'amitié pour le chien. Il s'agit de Frédéric le Grand, roi de Prusse, qui possédait trois beaux lévriers auxquels il apportait les plus grands soins, ne souffrant qu'aucun autre que lui s'en occupât. Le besoin de dépense d'affection ressort ici très net, et nous pouvons admettre sa prédominance sur le besoin de réception d'affection, d'autant plus que le monarque pouvait trouver sous ce rapport satisfaction suffisante du côté des hommes. Par contre, il est à supposer que son rang et sa nature aristocratique n'étaient pas un mince obstacle à ce qu'il montrât envers les hommes ce naturel affectueux qu'il pouvait se permettre envers ses animaux.

Pour ce qui concerne maintenant le cas des amis du chat, l'interprétation psychologique est plus uniforme. L'amitié pour l'animal n'est guère déterminée ici que par le besoin de dépense d'affection. Mais nous ne devons jamais oublier qu'il n'y a là qu'un *trait* de caractère et il serait donc faux de déclarer féminin tout caractère de personne amie du chat. M. Le Gentil nous cite encore dans sa liste des amis du chat, M. Clemenceau et M. Poincaré. Ces exemples nous montrent que si un homme peut avoir assez de tendresse et de douceur pour aimer un chat, ceci n'empêche que, d'autre part, il peut disposer de toutes les qualités et les vertus du caractère masculin.

Notons ici qu'il n'est point rare de voir des personnes être propriétaires simultanément d'un chien et d'un chat. Inutile de souligner le dualisme de leurs dispositions affectives qui, toutefois, semblent être plus prononcées généralement du côté « dépense d'affection ». Aussi ces personnes ont-elles ordinairement des chiens « à caresser ».

Maintenant nous devons encore une fois attirer l'attention sur les facteurs qui, dans l'amitié pour le chien ou le chat, peuvent jouer un certain rôle et qui sont de nature plutôt pratique. Nous en avons touché un mot au début. Il faut toujours y penser si on veut éviter des erreurs d'analyse psychologique. On n'oubliera pas le but pratique des chiens de chasse, chiens de garde, etc. Et quand chez une femme l'amitié s'adresse au chien, on pensera toujours à la mode et à la coquetterie. Aussi pour ce qui concerne l'amitié pour le chat, elle peut être feinte chez une femme, quand la raison d'être du chat est de rehausser l'effet des coussins de divan du salon. Mais en général, il doit tout de même être rare qu'à ces buts pratiques ne s'ajoute pas une certaine affection. Nous devons dire que ces deux facteurs rivalisent selon la *circonstance*.

Chez l'homme, la recherche de l'effet ne manque en général pas non plus dans son amitié pour les animaux. Un homme est fier d'un beau chien comme il est fier d'une belle femme. Des deux nous pouvons dire à l'adresse de l'homme : dans l'intimité c'est de leur affection qu'il jouit, et en public, c'est leur effet sur les autres qui le flatte.

Mais il y a un cas où, à côté du but pratique, nous pouvons souvent voir les plus belles formes d'affinité qu'on puisse rencontrer entre homme et animal : l'aveugle avec son chien-guide.

Enfin ajoutons qu'une amitié pour nos deux animaux peut parfois être conditionnée par des états pathologiques. Il arrive que des personnes, souffrant d'une *obsession* ou d'une *idée de persécution*, ne se séparent jamais de leur chien de crainte d'une attaque, etc. Il faut aussi mentionner ici les cas de *sodomie.*

Etant donné que chez les hommes l'amitié pour le chien ou le chat est un phénomène tellement habituel, il ne sera pas sans intérêt pratique de dire encore deux mots sur les cas où, inversement, il y a une *aversion* pour les deux animaux. Quand l'aversion s'adresse aux deux animaux à la fois, elle est généralement liée à une aversion pour tout animal (quelquefois caractéristique pour les maniaques de l'ordre et de la propreté). Une tendance trop facile au dégoût joue souvent un rôle ici. Ainsi on peut voir une aversion pour le chat liée à l'idée que celui-ci mange des souris. Chez le chien, c'est souvent son odeur désagréable qui répugne ou quelquefois la crainte hypocondriaque des échinocoques. Il faut aussi mentionner la crainte des dents du chien et des griffes du chat et aussi la superstition qui se lie à ce dernier (chat noir traversant le chemin, etc.). Enfin, l'aversion peut être le résultat d'un traumatisme psychique, surtout dans la jeunesse, à la suite d'une morsure de chien ou d'un coup de griffe de chat ou même après un simple choc subi en face d'un chien aboyant.

Plus intéressants pour nous sont les cas où l'aversion pour l'un ou l'autre des animaux est déterminée par une aversion pour ces traits de caractère qui sont exigés par l'amitié pour l'animal en question ; c'est-à-dire les cas où des personnes n'aimant pas les traits féminins n'aiment pas les chats ou, d'autre part, n'aiment pas les chiens étant contre les traits masculins. Ces particularités se rencontrent même chez des personnes ayant elles-mêmes très prononcés les traits qu'elles détestent chez d'autres. Ceci est souvent caractéristique pour les femmes. Il est même classique que les femmes n'aiment pas les femmes. Dans les formes prononcées, cette aversion est transférée au chat. Pourquoi? Sans doute du fait que les vilains côtés du caractère féminin (fausseté, hypocrisie, ruse, envie, méchanceté, etc.) sont souvent comparés au caractère félin.

Les femmes de cette catégorie étendent souvent aussi leur aversion aux hommes aimant les chats. Le transfert de l'amitié ou de l'aversion pour le chien ou le chat sur des personnes doit d'ailleurs retenir notre attention dans tous les cas; car les hommes n'aimant pas les femmes, amies du chien, sont aussi nombreux que les femmes n'aimant pas les hommes, amis du chat.

Nous pouvons aussi mentionner ici le cas des personnes qui n'ont pas particulièrement une aversion pour nos deux animaux, mais qui ne « savent » non plus dire si elles les aiment ou si elles aiment plutôt le chien ou le chat. Il s'agit là en général de caractères pratiques, d'une faible affectivité et souvent d'une indifférence typique pour tout ce qui les entoure.

Pour résumer notre étude, établissons les quatre groupes principaux suivants :

Premièrement : homme-amateur de chien, femme-amateur de chat : conséquence naturelle de leurs dispositions affectives typiques ; nous révèle le besoin de réception d'affection (caractère mas-

culin) respectivement, le besoin de dépense d'affection (caractère féminin).

Deuxièmement : Homme-amateur de chat ;
femme-amateur de chien : chez chacun, présence
de traits de caractère du sexe opposé.

Troisièmement : Homme ou femme aimant simultanément chien et chat : dualisme des dispositions affectives.

Quatrièmement : Homme ou femme ayant une
aversion pour l'un ou l'autre des deux animaux ou
pour les deux à la fois : nous révèle des dispositions particulières des personnes en question ou
confirme négativement les conceptions émises
pour les amis des deux animaux.

Paris. — L. MARETHEUX, imp., 1, rue Cassette. — 16390.